AF578747

LA ÚLTIMA... Y NOS BESAMOS

Marco Luke

LA ÚLTIMA... Y NOS BESAMOS

EDITORIAL
LETRA MINÚSCULA

Primera edición: agosto de 2021
ISBN: 978-84-18835-36-0

Fotografía de la contraportada: Alondra Rivas
Editado por Editorial Letra Minúscula
www.letraminuscula.com
contacto@letraminuscula.com

Índicc

Octubre claroscuro

Me rehúso a que llegue el otoño.

Porque me fascina escuchar al viento repentino y ligero acariciar a su paso esas hojas teñidas de marrón, haciendo sus últimos esfuerzos por sostenerse y quedarse en los brazos del árbol que las alojara durante la primavera y les alimentó en el verano.

Caen y tejen una alfombra de maple, crepitante pero sedosa, donde mis pies flotan mientras camino, percibiendo el adictivo olor de los primeros leños quemados humeando a la orilla de la ciudad.

No quiero que llegue el otoño.

Ya no quiero que me abrace con sus tardes templadas y me mire con sus cielos nublados, amenazando con liberar una tromba que se queda en el intento, como lo hace cada año.

Tal vez, estoy exhausto de presenciar el baile armonioso de las parvadas despidiéndose de los espectadores urbanos con trinos magistrales, apresurando su canto antes de que el otoño baje el telón y estrelle el horizonte, obligando a encender los candiles eléctricos que vigilan las canteranas iglesias de la ciudad.

Exhausto de seguir siendo espectador durante la prematura noche, y ya no maravillarse de esa escena.

Y es que, ha perdido su esencia desde que renunció ella.

Aunque se rompa el ciclo natural, aunque la piedra del sol se convierta en una farsa, aunque octubre se quede sin hogar, exijo firmemente que neguemos la presencia del otoño.

Deseo con el alma celebrar su ausencia.

Es preferible girar el timón del destino hacía un apocalipsis capaz de construir límites a mis recuerdos destruyendo nuestro mutuo futuro, antes que lo haga ella enterrando mis posibilidades en labios de otro hombre que no sea yo.

Dile por favor, si es que su necedad es más grande que su piedad y no abandona sus intenciones de vestir los sauces y eucaliptos con pinceladas de óxido y fuego, que me ignore. Esta ocasión tomaré el té sin su compañía.

Le dejaré una carta explicándole mi partida. También le diré, cómo he convencido al solsticio para helar los trópicos con tal de ya no extrañarla y de ir a buscarla entre los enigmas de un equinoccio esperanzador.

Me voy, antes de ver esa banca ahora solitaria, donde nos sentábamos a ver las montañas consumiendo el resplandor agonizante del ocaso. Ahí, donde dejó su sombra conmemorando la derrota de mi conquista fallida.

Pero me llevo su silueta.

Ella sabe que me pertenece desde aquella noche en la que firmamos con vino tinto y sudor nuestro convenio:

Yo me quedaba con el recuerdo de su cuerpo y ella con mi alma.

Dc Lirium

No sé cuál es el color de sus ojos.

Esos que cada mañana, vanidosos, no saben qué elegir entre un guardarropa repleto de hermosas luces con las que se viste tú iris.

Y da igual lo que se pongan, el porte de sus pupilas va bien con todo.

Entonces, el día comienza justo cuando ella parpadea en el umbral de su puerta y permite al sol decidir el color con el que pintará el cielo, camuflando su mirada en el horizonte.

No sé el nombre del perfume en tus manos.

Esas que acariciaron al mundo en los primeros cinco días de septiembre, y que bajo las faldas del volcán "Maika", convirtieron los tallos de una flor en tu cuerpo y sus hojas de Lilí en la piel nítida y frágil que encadena mis pasiones.

No sé cuándo se corrompió el destino.

Ese, que llevaba mis pasos por un camino asfixiado por la bruma, saturado de la insistente y autodestructiva humedad que envolvía cada paso en mi camino.

De pronto, tu imponente presencia sobornó mis sentidos ,rompiendo con todas las exigencias de la estética, llevándose, con justicia, cualquier rastro de amores pasados, otorgándole el derecho de elegir un nuevo sendero.

¡Dios! ¡Qué majestuosa es la libertad dosificada por tus besos!

No sé en cuál melodía se esconde tu cabello.

Esa que se percibe en los últimos vientos del verano, cansados de cantarle a la breña húmeda y al valle donde corren tus recuerdos de niña.

Tu juventud, aunque mezclada con aventuras citadinas, quedó grabada en el espejo líquido, surcando para siempre la unión de un mártir y la del refugio donde tu sangre está resguardada.

No sé que significa tú sonrisa .

Tal vez, un mural en mi memoria, exclamando la adrenalina mientras invade la sangre, supurando mis ganas de besarte en un estremecimiento que amparaban las sombras de los sauces.

Quizá, sea una fotografía enmarcada de pretextos para tomarte de la mano, calmar mis ganas de tenerte para siempre, amenizada por la meditabunda caída del agua entre las rocas que sostuvieron nuestros pies y nuestras almas fundidas en los labios.

No sé que fui antes de ti.

El vértigo invade mi pecho cuando asoma la posibilidad de un pasado donde nunca se encontraron nuestras miradas, donde yo creía que sabía vivir, donde ingenuamente me suponía sensato.

Ahora, podría poner mis pasos a la orilla de un abismo y sostenerme de uno de tus latidos, los que me murmuran sin descanso:

"No sé quien eres, pero soy tuya"

Veladora

¿Te acuerdas de ese abrazo, justo en medio de la mojada madrugada?

Te acuerdas, claro.

Porque tu frente resguardada en mi pecho, sostenía mi alma y filtraba los suspiros dejando mi espíritu libre de las toxinas del pasado, libre del veneno de las consecuencias y preso de la decisión de tomar tu mano para siempre.

También, aquella noche me apropié de la valentía, asomando apenas su mirada entre la neblina de los deseos escritos sobre pergaminos con cicatrices, capaces de despertar rencores, precisos, rapaces y apresurados por enervar la sangre para dar la estocada final y dejar el ruedo triunfante.

¿Recuerdas cómo los alejaste?

Por supuesto que lo recuerdas.

Lo sé porque me besaste, y eso fue suficiente para derrotarme, ante ti y ante todo los perjuicios que intentaron plagiar nuestras fotografías en blanco.

Pude sentir cómo se evaporaba el infierno sudado lentamente por cada uno de mis poros, paralelo a la bendita invasión a mis sentidos atrapados por tu aura.

¿Te acuerdas de mis labios satisfechos?

Por supuesto que sí.

Cómo no tener en la memoria tu aliento cálido, respirando un tanto agitado mientras abrigaba nuevas esperanzas, consintiendo de vez en vez, el roce de mis dedos con tu escote, profetizando la caída de tus muros construidos de seda y mezclilla.

Entonces, aprendí un nuevo idioma, el de tu corazón agitado explicándome paso a paso, como aprendiz de amante, la técnica exacta para seducirte.

Y supe que cada una de tus latidos eran, sobre todo, sinceros y claros, porque confiaste el más preciado de tus secretos, y esta vez no querías equivocarte.

¿Te acuerdas de mí? Irónico y desahuciado, porque aunque desolada y peligrosa la ciudad, nuestros cuerpos no eran vulnerables ni sostenían algún peligro.

Solos, sobre no me acuerdo cuál rincón de la periferia neovizcaína, yo ya me sentía en mi hogar, pero moribundo, víctima del deseo de una noche contigo, y del deseo de multiplicarlas por la eternidad.

Por fin, tomamos el camino, y fue más fácil contar las estrellas que los besos que nos dimos, como fue también, mucho más lento el par de kilómetros que faltaban para llegar a tu colchón, que tus pupilas dilatándose por la única vela que quedaba en tu buró.

La cera derramada en el mueble penetró cada partícula de la madera hasta quedarse exactamente donde jamás podrán exhiliarle de su nueva patria, dejando una huella de la noche en donde tuvimos el placer de conocer nuestros tabúes para quedar incinerados en la pequeña llama de nuestras mejores pasiones.

Y desde entonces, esa veladora es a la única a la que le rezo.

Un par de errores

Por años, transitamos como dos entes que iban recogiendo frutos con sus respectivos sabores; los tuyos con esencias dulces y fragancias tan deliciosas y doradas como membrillos; mientras que yo, sabores agridulces, uno que otro artificial, tal vez iniciando una era cargada de manzanas con sabor, pero sin semilla.

Caminamos por algún tiempo de la mano, sin tocarnos, pero nuestros destinos se entrelazaban en un punto dentro del universo hacía dónde nos dirigíamos sin saber, gracias a dios, sin saber.

Nuestros días, acumulaban mientras tanto, sonrisas, tristezas, decepciones y alegrías, forjando una espada con la que nos abriríamos paso, asesinando a los traidores acontecimientos que herían nuestras almas, aunque muchas veces, asesinamos también nuestras manías, esas a las que el mundo está atado.

Nuestros errores se adormecían en el consuelo de la almohada, murmurando entres sus plumas: "mañana será otro día" y volvimos a la calma.

Intentamos entonces, ser mejores, aunque te confieso, hubo algunas equivocaciones insistiendo en hundirme en el fango, insistiendo en que desistiera, y hubo también ocasiones que quise decir: "¡Basta! ¡No puedo más! Fue entonces donde tu recuerdo, ese que sólo podía existir en el futuro, me hizo levantarme y retomar la brecha que no terminaba de abrirse.

Fuimos un par de errores viviendo entre billones que creen que no lo son.

¿Comprendes ahora por qué te idolatro y el mundo me juzga?

Si, prefiero mil veces arrodillarme ante la mujer que ama mis errores a hincarme en un templo donde se juzgan y condenan mis locuras.

Hemos sido un error y ¡Vaya! Que no me arrepiento de serlo.

Antes, siempre cargando lozas que doblegaron mi dignidad, que me obligaban a cada paso pisotear mi felicidad. Esas losas que mis errores colocaban en mi espalda no sin antes darme una caricia falsa.

Benditos sean esos errores.

Jamás fueron lo suficientemente fuertes para derrumbarme, sólo entorpecieron el camino, pero nunca pudieron cortar mis pies.

Me pensé siempre como un error, sin darme cuenta que el único error había sido nunca haber visto mis alas.

Y cuando por fin las vi, volé.

Y ahí, volando cerca del cielo, estabas tú

No hay coincidencias

Siempre será la última noche que veas, siempre será la última vez que cierres los ojos antes de dormir, siempre será, ese último beso... el último.

Nada es coincidencia.

Esa será la última vez que pueda abrazarte, la última caricia es la que vive en mi recuerdo, la última vez que sentí el calor de tus labios ostenta orgullosa el último lugar, porque no hay quién lo sustituya.

No existen mañanas.

Se arrepiente el alma por no haber sentido las caricias de tus latidos en mi oído, solamente cuando me de cuenta de que, esa fue la última vez que estuve recostado sobre tu pecho agitado. Lo demás son intenciones.

Lo demás, son absurdos, son tan incoherentes las intenciones de verte mañana, como lo es creer en ángeles alados, como lo es temer a demonios poderosos, como lo es creer en brujerías capaces de entorpecer tus días.

No existen las hechicerías.

Y aún así, hay quien se atreve a invocar y ritualizar para contaminar el espíritu de los que odian o les estorban. Su odio y envidia no les permite entender que no hay nadie dueño del futuro, simplemente porque no existe.

Nada existe.

Lo que tienes en tus manos, es el segundo en el que estás eternamente, es en ese instante en el que siempre vives, es ese micro lapso que va escribiendo algunas notas en la memoria y se queda en el recuerdo siempre, pero solamente la última vez de algo, la última vez de todo.

No es casualidad.

No es destino, no se trata de suerte haberte conocido, compartir tiempos, porque no existen los siglos, porque no existen más que unos cuantos hilos que sostienen la vulnerabilidad de la vida. Vida en donde nos besamos, en donde nos abrazamos y donde sonreímos, pero siempre, por última vez.

Todo es tan superficial.

A través de la historia somos lo mismo, asesinamos por las mismas razones. Nuestro ego siempre lucha por poder, por lujos, por ambiciones que cambian en su estructura pero siempre alimentan la falta de cordura, siempre intentando acabar con la humanidad personal, y entonces mueres y todo fue una última vez.

Todo siempre será la última vez

Y así, sin morir, todos los días, a cada minuto se nos va la vida. Siempre habrá futuros que se nos escapen, tendremos historias de las que nos excluirá el azar, las deciciones, los temores, tu dios o el mio.

Por eso hoy te ruego... Abrazame por última vez.

Ajena y lejana

Cuánta lástima me dan los mortales encadenados a la gravedad, en cuanto a mí, son tus piernas lo que me mantienen atado a esta tierra.

Y como vagabundo, disfruto de la última parte de la historia de mi humanidad, entre la catastrófica promesa de un apocalíptico desabastecimiento de tus besos.

Mi manera de disfrutar de la inmensa divinidad contenida en el mundo, es contemplándote de lejos, disfrutándote en cada sueño y soñándote para vivir en paralelo a esta realidad sin ti.

Una realidad que me ha decepcionado, que me ha golpeado con desamores, que no le ha sido suficiente sacarme las entrañas con sus quirúrgicas ganas de verme morir en soledad.

A veces quiero imaginar que no es mala suerte, sino que, lo más probable, es que habito una dimensión que no me corresponde.

Es esta vida donde la falta de compasión es el aire que respiro, y las ilusiones, son la moneda de cambio; ahora puedes entender mi pobreza.

Ajena y lejana.

Esas son las damas que te tienen metida en mi alma, y entonces, obligadas, mis manos te esculpen por las noches en delicadas cinceladas, así se desahogan mis apasionadas ganas de morir en tí.

Sin embargo, soy un sobreviviente, y te llevo como escapulario, como talismán de alguna civilización que me heredó unas cuantas supersticiones.

Si, ahora me refugio en el azar, y he diseñado nuestro futuro con la soberbia del escepticismo y la vanagloria de quienes presumen haberme roto el corazón.

Con el desencanto de esas personas que fueron he cimentado mis muros, y de quienes me hubiera gustado que fueran, me bastas tú.

Tú, que no eres sólo la reciente, ni mucho menos un mero capricho del éxtasis descoyuntado.

Eres el caballo en mi Troya, y me he atrevido a reescribir la historia, yo si sabía el final de esta guerra donde terminarías quedándote con todo, porque el cómplice de mi derrota, es el amor que le tengo a tus victorias

Eres la decisión perfecta, la que mis años de experiencia eligieron para mezclarse con tu juventud, virtud que presumes junto a una rara inteligencia.

Pero además de esa coincidencia destinada por la insistencia de compartirnos historias, llevas contigo el mayor de los méritos.

El de que tu amor sea maravilloso como imposible, así, me permites sostener la ilusión de tenerte y nunca dejarla desvanecerse.

Viviré el resto de mi vida en esta hermosa paradoja de ser dueño de acariciarte y tenerte en mis pensamientos cuando me dé la gana, en lugar de desgastarnos en la inutilidad que prefieren los que fingen amarse sólo porque entregan su cuerpo.

Y moriré con tu paradigmática e involuntaria sabiduría, para proteger mi frágil monotonía.

Constructor de recuerdos

Somos tan insignificantes que nos perderemos en el tiempo
tan pequeños que nuestro legado se perderá entre épocas
donde cada partícula de quienes fuimos se propagará en
el viento
pero reencarnamos en historias donde compartimos mi-
les de bocas.

Después de nuestros triunfos, todo olerá a olivo,
y lubricará la dicha desde la médula hasta el alma con
su néctar
para purificar en episodios nuestros olvidos
comenzaremos entonces las pautas de una nueva melo-
día eterna.

Ya será complicado acercarse a la orilla del abismo
será absurdo sustituir cempasúchil por rosas negras
ambas las percibirás como funestas y hermosas
pero sólo una acompaña las decisiones de tu conciencia.

¿Dime que ves en tu memoria? Preguntas dominada por la celotipia
yo, acostumbrado a su tortuosa compañía, dejó caer una persiana de mentiras
te dejo por tu bien dentro de la oscura verdad que eclipsas
pero no hay engaño más grande que protegerte para sentirte mía.

Nunca fue mi intención destapar tu cofre de historias
pensaba en encontrarte para escribir páginas libres de tintas turbias
historias libres de los fantasmas liberados de baúles mitológicos
sin pecados, sin derrotas,
quise acercarme al cielo sin pagar mis pecados
y terminé pagando la penitencia de tus sombras

Comenzar a forjarme un destino en cualquier paraíso
en cualquiera da igual si el espíritu absuelto es un pasaporte sin fronteras
pero aunque siempre temí al infierno, disfraz de Dios para vengar la desobediencia de los mortales nada se compara con la condena de besarte.

No hay alguien más culpable de mis pecados que tú,
aunque siempre te justificas culpando a la pobre tentación de despertar contigo
aunque llorando señales a mi ira por despertar ante la debilidad que tienes de extrañarlo
aunque culpes al pasado, te delata besarme y nombrarlo.

¿Como puedo construir entonces, por lo menos un recoveco en el paraíso?
¿Como hacerlo si los grilletes de tus palabras encadenan mis opciones?
Es imposible mientras siga atado a tus pasiones.
Imposible, porque la decisión depende de aceptar y derrotarme ante el "te amo" obligado de tu voz
jamás me podré escapar del averno si me conformo con eso
jamás, si respeto menos mi vida que nuestro injusto convenio.

Somos tan insignificantes por creer que el cielo es un destino
somos tan incrédulos por depositar nuestra confianza en lo que no podemos ver
tú, eres perfecta porque te puedo sentir
y yo el constructor de recuerdos donde puedes vivir.

En defensa propia

Sigo sin entender, cómo es que después de tan artera y certera herida, el corazón sigue latiendo.

La ciencia le ha llamado milagro; yo, gracias a mi rebeldía innata o a esa auto conmiseración socialmente contagiada, le llamo: imbecilidad.

No se puede ser más idiota, que aquel, quien mirando la cicatriz, huella de un preludio de su propia muerte a manos de una desalmada, sonríe.

Más aún, no se conforma con idolatrarla y colocarle un altar, al igual que en sacrificios inútiles lo hacen esos que se atreven a orar frente a figuras plasmadas al óleo, sino que su estupidez, lo lleva abrir de nuevo la herida y convertirla en el estigma que duele, arde y rasga la piel; ¡Ah! Pero que bello es recordarla, y sentirla, aunque sea hiriéndome.

Es necedad, esa que debería ser ilegal, porque logra olvidarse de uno mismo, porque se pierde la empatía con el mundo, porque te vuelve cavernícola y te convierte en un cadavérico y adicto a tu propia sangre.

Claro, siempre y cuando sea derramada por sus dagas besándome, o por su respiración asfixiándome hasta llevar al límite mis arterías, haciéndolas explotar en sus manos, en su vestido o en vano.

«Pero fue en defensa propia», alego en su defensa. «Yo abandoné mi pecho a su suerte y ella vulnerable, débil e inocente, sólo quería alimentarse». No es culpa de ella, ni de su dieta ninfómana, el hecho de que mis venas hayan sido su alimento.

No hay remedio para esta pobre misoginia que confundió sumisión con perversidad, no hay nada que argumentar ni como defenderse, si la intención era construir mi virilidad sobre su perdida virginidad, y lo único que terminó perdiéndose entre su furiosa ternura, fue mi machismo.

Y aquí sigo, sin entender por qué le tengo tanta ley, por qué me desconsuela su fe.

Quizá, mi inconsciencia prefiera no entenderla para seguir sobreviviendo, tal vez porque sabe que decepcionarme sería morir, y morir significaría dejar de quererla.

Si es verdad que, no hay peor ciego que el que no quiere ver, entonces tampoco existe un mayor imbécil que el que no desea entender.

Pero si no existe un motivo para ver, sin que ella camine en mis pupilas, tampoco existe razón para comprender la vida si no vuelve a curar mis heridas.

Esas provocadas por sus desdenes y una que otra mentira. Heridas que cicatrizan y antes de que se cierren por completo la memoria las rompe.

La ciencia me sugiere masoquismo, la religión me diagnosticó blasfemia y la gente la juzga llamándola mujerzuela; yo, sólo la llamo por su nombre: Asesina.

Pero, si amar significa dar la vida por alguien, entonces que juzguen al mundo que no me permite amar a mi manera.

Aquí me tienes

Aquí me tienes
Y ese es el problema, que me tienes
Aquí estoy frente a ti, fingiendo que no me da miedo
pero aquí me tienes, jugando a ser fuerte

"Dime... te escucho"
musita la máscara de la valentía
sintiendo que me tiembla cada una de las vértebras
cruzado de brazos, no porque me sean indiferentes tus palabras
sólo protejo al corazón antes de ser despedazado por tu voz

Titubeas con la mirada baja, antesala del apocalipsis
la catástrofe en un, "ya no más", cae sobre el pecho
Y muere, todo dentro de mí muere
Detonó algo invisible, pero quema el alma
aunque aseguren que es un hielo, se quema

Pero me tienes acorralado, y no me quiero quitar este antifaz
es lo único que mantiene la dignidad, aunque prestada, se defiende
Me tienes, entre la espada, y a tu merced

Lloras y reclamo, resignado porque prefiero mantener este acuerdo
Lo sé, tú lo impusiste, pero me tienes, entonces es ley
Prefiero ser delincuente y romper mis reglas para estar libre de mí
pero preso en un recuerdo de ti.

"¡Aquí me tienes!"
te reta impaciente mi tono quebrado
apresurando el suicidio, porque así puede evitar que acabes conmigo
Pero ¿Cuánto tiempo?, ¿Un par de días? Bien valdrían la pena
Pero imagino el lapso, lo maravilloso que será
y al ser, me enamoraré más
Mejor apresúrate y termina ya

Resignado, acabado, en un acto de valentía te insisto
Y no sólo insisto, sino que exijo

Pero lo has sabido, por eso te atreves
Para siempre… Aquí me tienes

Coartada

Tú belleza fue una coartada
me llevó poco a poco a la escena del crimen
ahí, en ese lugar donde mi alma quedó atrapada
dejando huellas para que fueras sentenciada

El delito estuvo a vistas del mundo
era indudable la culpabilidad de ese engaño
que con agravantes de ley
tu aliento sedujera para violar la misoginia
y el machismo quedó mudo

Fue una farsa el juez y el juicio
una injusta sentencia a cadena perpetua
tú, victimaria, quedas libre
y yo aprisionado por siempre
en tu boca, en tu vientre.

Con ser, van los recuerdos

Y después de todo, me acaricias
para quedarte con una pizca del momento
de esos que se construyen lento
aunque más tarde abandone la memoria.

Mi mano, inquieta sobrevuela tu pecho
para aterrizar al azar por fin, en una tierra agitada
se consuela en ella cual viajero satisfecho
aunque sigue perdido dentro,
resistiéndose a abandonar tierras lejanas.

Sabe sin temor a equivocarse
cuán difícil fue llegar a ese punto,
acumular besos, promesas y luto,
lo ilógico que suena la infidelidad
sobretodo desde que tus labios con gran seguridad
sellaron los míos hasta quemarse

Llegaste tarde

Llegaste tarde
justo, cuando los prejuicios recién habían salido por la puerta,
cuando mis pensamientos sobre el mundo los embargaba mi libertad
llegaste y a ellos no les quedó más remedio que cederle su espacio en mi cama

Llegaste tarde
Haciendo creer que tu espíritu y el mío eran la neblina de nuestro camino
Poniendo a prueba mi fe al caminar a ciegas por un sendero prometedor de plenitud
Llegaste y no me importó el camino ni el destino.

Llegaste tarde
en ese punto que logró separar mi esencia construida por opiniones ajenas

en donde, con un millón de esfuerzos, por fin yo sostenía mi propio espejo,
uno donde ya no se reflejaban sabanas, hímenes, o lunas clandestinas en mi repisa,
llegaste heredando el imperio forjado por el sacrificio de amores que pudieron ser

Llegaste tarde
y mi alma no comprendía tanta perfección esculpida en tu cuerpo
tanta divina bondad esperando en la estación a un tren de vagones repletos de heridas
y abordaste, dejando tus maletas en esa banca, por si volvías.

Llegaste tarde
lo suficiente para escuchar tus lágrimas explotar en la tinta de un poema marcado por mis huellas, fundiéndose en alquitrán, reconstruyendo las cadenas que había tardado generaciones en romper,
ahogando en cada gota mi recién recuperada naturaleza
y tú, perdiendo algo que nunca has querido perder
así llegaste esa tarde, simulando que a nadie esperabas,
pero el reloj se quedó con tus pupilas

Llegaste tarde
en el parte aguas que apartó mis vicios
en la línea que alejó mis carencias
en la frontera lejana donde enterré a mis ancestros y comencé mi propia dinastía
en la cima donde los logros banales se asfixiaron

Y al final del día, no llegaste tarde a mi vida. Te quedaste porque a donde ibas jamás te dejaron viajar.

Quizá... quise

Lo último que quise, quise amarte
Alguna deidad recibió la caprichosa petición
Confiada en una madurez perdida en la emoción
Resolví el futuro con sólo escucharte.

Creí cansado al libertinaje
Que en mi historia funge como crueldad
Decidió una fugaz madurez de libertad
Hacer de tu género un digno tatuaje

Esa pasión casi desbordada en su totalidad
En el filo del precipicio amenazó mi esencia
Hasta que mis ganas en ti fueron libertad
Y el libertinaje el final de nuestra abstinencia

Con tan poco que soy

Con tan pocas palabras Dios habla por mi boca.
Si, te veo hermosa, y él, me regala una frase para describirte.
Si te tengo en mis brazos, entonces me está regalando un poco de su tiempo
el necesario para poder en cada palmo descubrirte

Con tan pocas palabras Dios habla por mi boca,
con tanta facilidad te expresa lo que mis labios encarcelan,
nunca por falta de voluntad, quizá porque te celan
si, como si los ojos del mundo no lo supieran,
me refugio en callar para esconder un poco tu belleza

Con tan pocas palabras Dios grita por mi boca,
con tanta caballerosidad sin pertenecer a algún género.
Si, en tan pocas palabras que yo nunca podría
si me diera de vida 1000 años, resultaría siempre un intento

Con tan poco tiempo que tiene la vida
nos regala la muerte para volver a ella.
Si puedo, mientras muero te presto mi corazón hasta el último latido.
Si te tengo y te deseo este último se hará eterno
sólo si me regala el cielo de tus labios un beso ceñido.

Con tan poca suerte que tuve por no conocerte desde que nací
lo compenso dejando mi sangre en ti.
Si, te olvidé antes de conocerte.
No quiero creer que existe la posibilidad de convertirte en recuerdo.
Dejémoslo claro, no quiero perderte.

Con tan poco que soy, he sido, Dios me da un lugar en el universo.
Sólo si soy una palabra humedecida de tu aliento.
Si mi agnosticismo no se rindiera,
si, él existe porque tu existencia lo evoca.
Con tan pocas palabras Dios me habló por tu boca

Pudiste ser

Pudiste ser cualquiera
dejando el espacio lleno de nada
para llenar mis heridas con miseria
y en pocos centímetros mis pulmones colapsaban

Pudiste ser cualquiera
sin historia, sin recordar tú nombre
pudiste ser sólo un par de noches
y preferí recubrirte de oro y bronce

Pudiste ser una cualquiera
y fuiste virgen rosa, no escarlata
a cambio de limpiar decepciones
y permití que dejaras huella en mi alma

Dejarías de ser cualquiera
sólo porque colgaste lejanas esperanzas
aunque mi ironía se aferre con hilos de seda

pesa más la decepción que tu venganza

Pudiste ser cualquiera
cada vez me ausente de mis recuerdos
pero ahora que eres todo
mi esencia se ahoga entre flores y lodo.

Somos piel

Somos piel
tomada del armario de la historia
de esa que se escribe sin consentimiento
que se destruye en prejuicios temporales
por su fragilidad espacial, por su fragilidad animal

Somos piel
fusionada gracias al poder de una rosa
y permitimos tatuajes efímeros
esos que desaparecen, cuando la sangre reclama su territorio
para quedarse en fotografías etéreas

Somos huesos
reclamando la intensidad de la euforia
distraídos por los besos ebrios de nuestro aliento
entrelazados con versos huecos
anoche, ayer, y ojalá que mañana también.

Fuimos piel
como un mar embravecido dejamos rastros de espuma
cada vez que acariciamos sin consentimiento las playas
para dejar en cada entrega un poco de nuestra tierra
nuestra piel, dispuesta a desgranarse para navegar en nuevas aventuras

Somos piel
pero desollamos las almas prejuiciosas
ahora, nos convertimos en cómplices de nuestras cicatrices
las que nunca cerrarán los ojos
quienes acompañarán nuestros respectivos viajes
quienes podrán besarte una vez más

Isabel

Nunca había sentido mi sonrisa
había sonreído siempre sin pensar
a veces sin sentido, a veces por no llorar
también la hipocresía tuvo su lugar

Pero jamás disfruté de la felicidad presionando mis mejillas
ni conocía las persianas azabache que Dios colocó en mis párpados
hasta entonces supe de los límites de mis labios
hasta entonces supe sin límites a mi valentía

Mi gesto reflejando el significado de la felicidad
llevó un mensaje al corazón y a mi alma
ordenando abrir espacio entre mis celosas rendijas
porque sólo en el infinito cabría el amor a mi hija.

Ana

Siempre he sido presa fácil del miedo
y sinceramente, al saber que venías
estuvo cerca de atraparme con sus garras
pero tu mano aferrada a uno de mis dedos
hasta hoy ha salvado cada uno de mis días

De tus primeros minutos en este mundo
aprendí cómo enfrentar la vida
me enseñaste que sin fuerza, que sin armas
con ternura y amor se ganan las batallas

Mi soberbia quedó enterrada
esa que presumía y humillaba con palabras
porque tú, suplicaste quedarte en este mundo
y doblegaste al destino con voz callada

Denso

Denso, es el azar que le toca visitarme esta noche, le han asignado relevar a mi paz quien ha suplicado un receso, cansada de confortarme sin resultado alguno, frustrada suplica espacio para ausentarse un par de días, pero ha amenazado con nunca más volver.

Así, siento entonces que hoy, no es denso, simplemente es la noche, tan común para los mortales, tan insignificante para los indiferentes, y peor aún, es ridícula para los cobardes que piensan nunca sufrir por amor.

No es densidad, probablemente sea necedad.

Así será siempre, para aquellos que prefieren disfrazar sus derrotas amorosas vistiéndola con rutina diaria, besándose sin besar, viendo como se enamoran cada día más las caretas que van apoderándose de sus vidas, enraizándose en la piel para convertirse en sagaces fugitivos de la realidad.

Para ellos, no existe la densidad de sufrir por pasión, porque la densidad pesada, esa que, si no tuviera mi pecho guardado el aliento de tu boca, rompería mi alma escoltada por los insomnios, quienes esperan pacientemente a que el viento mueva la almohada que te pertenece, donde vive eternamente el perfume de tu cabello, y ligero, flota entre las penumbras que yo no he visto, porque duermo.

Denso, se le apetece convertirse ahora que entra por mis poros, por mis ojos, por mi pasión dormida.

Y abro los ojos para darme cuenta que no cabemos en la misma cama.

«¡Decide!» Le grito al reflejo de una lámpara que prometió avisarme cuando volvieras. Me mintió. Lleva cientos de noches burlándose de mis desvelos, y cuando volteo a verla para reclamarle, finge estar inerte. Y zumba, conteniendo la carcajada, mientras la bilis se derrama en el sudor impregnado en mi sábanas.

«Estúpida» La reto para tener un motivo de llorar, porque sería ridículo este llanto explicado por los argumentos de tu ausencia.

Denso, tanto que me es difícil caminar en mi propia casa, tanto que ciertos días, me es imposible levantarme de la cama, sobre todo en esos cuando sé que el café me espera solo y frío en la cocina.

Las fantasías casi me engañan, casi hacen levantarme, confundiéndose con el aroma intruso o despistado que se perdió entre los pasillos y que muere de vergüenza cuando descubro que se trata de una triste quimera.

Las cortinas pesan, con tanta fuerza las jala la gravedad que el techo amenaza con no resistir una noche más, e intenta psicoanalizar mi urgencia dejando caer trozos de yeso en mi cara. Yo, prefiero ignorarlo y fingir que alucino.

Se que va a caer, pero para cuando lo haga, o habrás vuelto tú o habré caído primero yo

Te sugiero

Te sugiero, que no te apartes mucho, que vayas con cuidado dando paso por paso para que no te maten las decisiones.

Ten mucho cuidado porque llevas mi alma.

Te sugiero, que no abandones tus ganas de ser grande, nunca olvides tus raíces, jamás, pero jamás, por ningún motivo dejes de soñar.

Nunca lo hagas, que de eso se alimenta mi alma

Te sugiero, que navegues profundo en cada canción que escuches, que te pierdas en la inmensidad de las letras de los poemas, en especial, dentro de esos que yo te escribí. Húndete sin piedad en las tragedias de tantas y tantas letras saturando páginas de miles de vidas.

Aún más, te sugiero que palpes la piel de las esculturas de los maestros que heredaron al mundo sinónimos de nuestros cuerpos, para que nuestras lágrimas se hablaran conmovidas en un lenguaje solamente nuestro.

Piérdete en ello, pero no sueltes a mi alma.

Te sugiero que vueles alto, tan alto que sea posible dejar de respirar, donde la brava marea sea solamente un espectáculo digno de los dioses, para que estés en tu hogar, en el olimpo donde te has ganado un lugar, diosa de mis días.

Vuela allá, pero absuelve una vez más a mi alma.

Vuelca tus ganas sin temores, revuelca tus platónicos amores en miles de camas, y no permitas distracciones vanas. Regálate noches de libertinaje, obséquiale a la humanidad los argumentos perfectos para poder juzgarte con la subjetiva opinión de esas quienes se sienten damas sólo porque sus amantes apagan la luz de los rumores.

Satisfácete, pero ciérrale los ojos a mi alma.

Te sugiero que grites, desahoga todos tus dolores, emborráchate de aventuras donde el éxtasis te convierta en espíritu, donde puedas vagar por constelaciones donde ningún mortal podría llegar ni en sus mejores alucinaciones.

Experimenta la muerte, pero resucita por mi alma.

Te sugiero que ames, y te sugiero que lo hagas sin miedo a perder, ama sin temer que no todos son igual que yo.

Ama con coraje, con la valentía de quienes llevamos miles de cicatrices por necios, cicatrices que diseñaron los tiempos confundidos de reencarnar antes de tiempo.

Ama sin límites, ama sin lapsos, enamórate de quien te merece, no importa que sea únicamente para alimentarte con sus ilusiones. Sé cruel, después de todo, lo vales.

Ama, porque mi alma no ha dejado de hacerlo.

Te sugiero que vivas excesos, que te hartes de los beneficios otorgados por tu belleza, que no dejes rincón de tu silueta sin probar desconocidos besos, que llores de arrepentimientos y los abandones en las madrugadas a donde pertenecen.

Y te sugiero, cuando te canses del mundo, que vuelvas.

Perdimos el respeto

Perdimos el respeto, aunque más bien creo que yo soy quien perdí; me derrotó tu mirada retadora.

La enfrenté sintiéndome protegido desde mi postura donde las leyes las hacía yo, desde una jerarquía que miente porque se trata solo de una postura, pero no pueden existir diferencias cuando el corazón ya va derrotado por tu mirada.

Entonces, derrotado, me levanté con dignidad, creyendo suficiente dejar que los demás creyeran en la indiferencia que venía arrastrándose detrás de mí, aferrada de mis tobillos, rogándome que volviera a donde estabas y te robara un beso.

Era la primera vez que te veía, y por eso perdí, porque tú sabías perfectamente que tus labios se me antojaron, que mientras intentaba colocar algo de sabiduría entre cuatro paredes, tu robabas mi respiración y suspirabas a la par de ella.

Sudábamos de nervios, de ganas, de éxtasis por habernos conocido, y ardíamos a causa de esta rabia, por la impotencia que causaba la distancia que separaba tu boca de la mía, a centímetros de ti y años luz de ser alguien para vos.

Entonces, tuvimos que respetarnos. Por urbanidad, por edad, y quizás por amor. Pero jamás por convicción.

Y estábamos seguros que nunca seríamos capaces de dañarnos como lo hizo ese respeto, agazapado entre la maleza de "lo correcto" donde pacientemente espera a su presa, en el preciso momento en que la libertad se convierte en el rehén del implacable e inhumano coartador de instintos.

Y ahora, por culpa del respeto, te debo un beso.

Debimos haberlo robado, yo de tus labios y tu de mi historia, de algún episodio donde las décadas eran fácil de contar.

Cada mirada que no te di, fingiendo que mis ojos se encontraba perdidos, contemplando cualquier tarde, cuando por dentro, morían y sabían que no había nada mejor que contemplar que tu sonrisa cínica.

Así, con esa magnitud de hipocresía en mi gesto, te veía pasar, luchando por no derretirme como ese caramelo que jugueteaba entre tu lengua, y luchando por no humedecer mis manos con el sudor tibio de tu piel erizada rozándome.

Me quedaba esa estela del olor de tu piel, suficiente para no dejarte de pensar el resto del día, pero por las noches, me orillaban a un abismo, al que sucumbía con tal de colocarte en el buró intentando burlar al insomnio, pero nunca fui capaz de callarlo, la conversación sobre tu belleza era interminable.

El respeto se burla de ti, te impacienta y por un momento pierdes la decencia. Entonces te atreves, y levantando un poco tu falda me has dicho a quemarropa que me deseas.

Y yo, por culpa del respeto, tengo que amarte en silencio.

Silencio

Escucho el trino de un ave cantando la ópera diaria, seguro de sí, de pie en el escenario que hoy tiene forma de algún viejo poste de madera roída.

Él, erguido, sin titubear lee la partitura en el horizonte, escrita por los primeros rayos de sol que derraman su tinta dorada sobre las nubes, para después filtrarla y dejar impresa en la tierra húmeda un arpegio que ha quedado pintado en el balcón de tu recámara.

Pero hoy... yo estoy en silencio

Ese canto se transforma en un sonido metálico que pesa en el alma, como si el viento escapara de un saxofón oxidado, oxidado por el abandono, porque ha quedado afónico; te llevaste su voz.

Y yo... en silencio

Me acordé súbitamente de mi guitarra. Abro el sarcófago en el que la había encerrado como la diosa que es, porque me trajo, en aquella canción que te compuse, el milagro de conquistarte, el privilegio de atrapar con mis manos tus palpitaciones emocionadas que sigilosas intentaban escapar en un quebrado "gracias".

Mientras te recordamos, me refugio en el silencio.

Pero mis manos padecen demencia, han envejecido, no pertenecen a mi cuerpo, no soportan la fría madera hecha hielo, no soportan las heridas provocadas por la cuerdas que con la agresividad de un animal salvaje se rehúsan a ser acariciadas.

Es normal en estas circunstancias, necesitan de la quietud que sólo tu cuerpo, sentado en esta vieja banca, puede asegurarles y darles la garantía de que nadie les hará daño, que vale la pena vibrar hasta llegar a tus oídos, y poder penetrar tu alma donde la música cumple su cometido, donde vuelve a casa.

Entonces... cierra sus ojos y se queda en silencio.

Me ha obligado a quedarme sin mi compañera de vida y no le han importado tantas noches, tantas canciones, tantas mujeres, tantas aventuras, y me ha dicho antes de encerrarse en ese féretro forrado de terciopelo, que nada importa, porque nuestra mejor aventura fuiste tú.

«Tiene razón» Pienso. Sólo lo pienso porque hablarlo sería cerrar su estuche por siempre, y se quedarían atrapados entre sus cuerdas mis talentos, sería lo mismo aceptar que nunca he tenido la capacidad de crear, sino que siempre, lo único que hice fue plagiar de tu cuerpo y de tus hermosas ganas de amarme.

Entonces, me doy cuenta que siempre he estado en silencio.

Se me ocurre entonces, como último recurso, construir con esas hojas donde escribí miles de canciones, una figura dónde te reflejes a pesar de la distancia, y lo logro, pero no inspira, no tiene tu sabor.

Entonces, la beso y se desmorona colapsando como plumas sobre el viento. Pero antes de tapizar la alfombra guinda del estudio, alcanzo a ver un frase que dice: «Te extraño».

Sin pensar, contesto: «Yo también»

Y sólo así, lograste romper para siempre el silencio.

Amarte y no tenerte

Es como hablar con Dios y no poderle pedir que te salve del infierno.

Amarte y no tenerte

Es sodomizar las virtudes de los santos que han dejado el alma en misiones pérdidas por los vicios y las tentaciones.

Amarte y no tenerte

Es crucificar a cristo y resucitarlo para asesinarlo con mi pecados

Amarte y no tenerte

Es soñar despierto y que me digas " te deseo", mientras duermo en tus brazos efímeros.

Amarte y no tenerte

Es saborear esta bella ironía, besarla y limpiar su salado desprecio con tus miradas indiferentes.

Amarte y no tenerte

Es el deseo de mentirnos, el deseo imperante del embustero deteniendo las palabras en tu boca para omitir la pregunta que te he hecho mil veces.

Amarte y no tenerte

Es pretender recomponer mi pasado dando por hecho que mi futuro no es nada si se atreve a llegar si tí.

Amarte y no tenerte.

El significado de dos palabras que se necesitan, una en tu boca y otra en mi alma.

Amarte y no tenerte

La búsqueda eterno del sabotaje que ejercen sobre mis intenciones tu ego que las conoce y las controla.

Amarte y no tenerte

Sería propiamente eso, exactamente un monumento a ese sentimiento, un tributo a su existencia.

Amarte y no tenerte

Sería entonces la prisión de esta obsesión que mata y correrías en libertad.

Amarte y no tenerte

Se resumiría sólo en amarte... el sacrificio de dejarte en libertad y en plenitud de amar para ser felices ambos, tú, sin que sepas de mí.Y yo, sabiendo que existes sin que pueda amarte.

Onomástico

¿Cuánto darías por huir de aquél momento? ¿Cuánto pagarías por volver en el tiempo y tomar otra decisión?

¿Que estarías dispuesta a entregar de tu cuerpo, de tu alma, de tu futuro, a cambio de tener en tu poder ese segundo?

Ese preciso momento en el que la razón te insistía para escapar, donde te advirtió el peligro que representaba contestar un inofensivo saludo que fijaba la mira apuntando exactamente en un beso acorralado, sin salida.

Se cubría con una piel de oveja, pero hace años, habían devorado sus fauces bestiales, bien cubiertas de colmillos, quién sabe cuántas víctimas, lujuriosamente despedazadas en su cueva, en su cama, en su honor. Tú, una de ellas, por cierto.

Y creí, que jamás regresarías al camino lleno de huellas de tu sangre, a ese lugar donde tus recuerdos se confunden.

Ya sospechaba que sufrías de una adicción, pero me imaginé que llorabas de dolor a causa del sufrimiento de esos recuerdos donde te sentiste abandonada, sola, y él, rapaz, fingió hacerle el amor a tu vulnerable inocencia ilusionada.

Has llorado más de una vez en mis brazos, restregándote a ti misma la poca malicia de tus años y la mucha confianza que tu cazador utilizó para devorarte sin piedad y con tu consentimiento.

Aunque has intentado curar la herida y mitigar el dolor, optaste por quitarle un día al calendario, pero el verano, sigue palpitando en tu herida, y celebras en silencio, quizás por respeto a mí, pero sin duda, por amor a él.

Sonríes más y vistes mejor de lo normal, entonces, tu perfume huele intenso, festivo, el mismo de de siempre, en ese día borrado del almanaque pero tatuado en tu corazón, adormece al viento para tomar las riendas del tiempo.

Celebras el instante, te has quedado con su abrazo, con la fusión del sudor y el par de cervezas que antes, tuvieron la misión de detonar el «SI» preciso para bajar tu falda y desvestir tus sentidos.

Jamás, ninguna prueba de amor había sido tan sincera, tan pura y tan magnífica, que celebrar el aniversario de una herida.

Tu amor por él, es festejar el sepelio de tus esperanzas enterradas por sus desprecios.

Te has quedado con su promesa extasiada salida de sus labios de amarte toda la vida, desvanecida dentro del sonido de su reloj despertador y su silueta cerrando la puerta tras de él.

Hasta hoy y, a pesar del daño que sabías perfectamente que te dejaría para el resto de tu vida, le aceptaste una copa.

¿Cuánto por una descortesía capaz de deshacerte de ese "hola", que astuto, deshila las palabras que te atraparán dentro de esa telaraña donde te hará el amor? «Nada» Contestas sollozando. Es más fácil soportar otro remordimiento que regresar el tiempo

Perspectiva

Desde su perspectiva, tu arrogancia enfada. Dicen que con tanta presunción, tu presencia incómoda. Dicen que tu egocentrismo es enfermizo, al grado de rayar en la locura.

Desde mi perspectiva eres imponente.

Desde su perspectiva, tu hipocresía es veneno puro, sobre todo porque llega justo al punto donde desequilibra la temple. Dicen que es delictiva por que tu hipocresía es directa. No se han dado cuenta que es tan sutil, lo suficiente para pasar desapercibida, convirtiéndose paulatinamente en clavos que hermetizan el ataúd, pero sólo de quienes son débiles para entender tu sinceridad.

Desde mi perspectiva, tu diplomacia es admirable.

Desde su perspectiva, eres peligrosa. Dicen que finges quietud, y eso significa que algo estás tramando para atacar en el momento preciso. Tú, discreta y callada, eres la antesala de una calma que guarda una mortífera tormenta.

Desde mi perspectiva, tu prudencia es letal, pero sólo lo sé yo.

Desde su perspectiva, eres mentirosa. Dicen que cuando hablas, adornas tu realidad donde asomas apenas las verdades que te duelen, porque no te creen capaz de ser tan fuerte. No creen que en ti, exista tanta fortaleza, y que estás sostenida de esperanzas porque el pasado te golpeó hasta delirar.

Desde mi perspectiva, eres fantástica.

Desde su perspectiva, no eres inteligente.

Dicen que te abres paso porque las circunstancias han sido favorables a tu signo, argumentan que tu caminas paralela al azar de circunstancias que protegen tus pasos. Dicen que no eres inteligente, sino oportunista.

Desde mi perspectiva, tu inteligencia es arte.

Desde su perspectiva, eres mojigata. Se atreven a catalogarte como santurrona porque cubres en exceso, según las leyes de la moda, lo que debería estar libre del acecho de los libidinosos y de las murmuraciones de las que descubiertas no muestran nada.

Desde mi perspectiva, y como testigo de tu cuerpo desnudo, no puedo expresar lo que pienso porque sería casi obsceno.

Desde su perspectiva, eres apática. Dicen que tu falta de roce social te hace arrogante, y además, infeliz, porque aseguran que en el fondo, estás hambrienta de bacanales y de las banalidades a las que toda persona común asiste como parte de esta dimensión mundana.

Desde mi perspectiva, ni explicar merece la pena a los vulgares.

Desde su perspectiva eres una mortal a quien juzgar.... Desde la mía, una diosa a quien adorar.

Madrugadas

Han pasado muchas horas.

Tal vez, lo más prudente sería contar mi insomnio en tus noches, y digo prudente porque no es justo darle el crédito de mis desvelos a cualquiera.

Es preciso decir que lo mejor de la razón de permanecer despierto es un pretexto.

El pretexto perfecto es recordar el sonido de tu risa.

Han pasado tantas cosas.

Muchas aventuras que puedo contar durante una protocolaria conversación, pero muchas otras las dejo para mi archivo personal, sobre todo para protegerlas de mi inadecuada vanidad.

Pero este insomnio, hoy comienza a llenar las páginas de una nueva historia. Una historia prohibida, que tal vez también debo dejarla presa en la punta de mi lengua, presa porque está condenada por la naturaleza de su delincuencia.

Si quedara libre, lo más probable es que hurtaría mi tranquilidad, que en un descuido, me haría caer en el fraude de tu sensual sonrisa.

Han pasado horas mudas.

En esa ventana van acumuladas las intenciones, en los cristales empañados se escriben los gritos del silencio prudente, del extraño calor que envuelve tu ausencia a pesar de las excusas de no venir sólo porque no sabes que te amo.

Pero has existido, y eso es lo que le importa al insomnio, eso es lo que conforta mis demonios.

Estoy seguro de que sobre la alfombra hay unas cuantas huellas de tus zapatillas, esas que estilizan tus piernas y te visten con un elegante espejismo, esa alucinación que te ha confeccionado un vestido color blanco, y tu espalda desnuda se eriza.

Han sucedido unas cuantas fantasías.

Unas, en el pasado que ha decidido invadir el presente en mi memoria. A veces creo que es insolente, que desobedece el común sentido del tiempo, que no le importa ni el inicio ni el final de las eras.

Pero, no se le puede negar la razón, porque es ridículo buscar episodios en la historia si la mejor época de mi humanidad está atrapada en una gota de tú sudor humectando mis labios.

Y entonces, cuando el insomnio donde es posible recrearte está a punto de rendirse, yo bebo. Religiosamente, te absorbo.

Han caído tantas.

Han caído tantas noches en las rudas y crueles batallas, han sucumbido cumpliendo su promesa de entregar sus vidas por proteger la tuya dentro de mis sueños.

Han colapsado tantas rutinas, aunque para muchos no sea evidente la diferencia de esas antiguas monotonías de conciliar el sueño normalmente, y esta rutinaria, aunque adictiva, cotidianidad de pensarte.

Pocos entienden lo distinto que hay entre dormir para quedar a merced de la posibilidad de soñarte cada noche, y la certeza de desvelarme para pensarte hasta la madrugada.

Color marrón

Hoy, se ha desprendido el último jirón de la pintura color marrón que vestía la pared de nuestra habitación.

Era el último sobreviviente, un valiente que luchó en miles de batallas, un valiente que resistió prendido en el muro para defender la memoria, para cubrir la retirada de mis ofensas, resistiendo mientras esperaba a que llegaran los refuerzos en un perdón que cobarde, jamás tuvo el valor de salir de la trinchera de mi boca.

Y entonces, la pared quedó desnuda.

Exponiendo su piel blanca a los rayos del sol, ese que con ternura y devoción sincera, a diario plisaban su vestido pintando líneas púrpuras, y que ahora, no tiene más remedio que brillar sobre la cal y desmoronarse lentamente junto a ella.

Con tristeza, la plata que adornaba por las noches de luna llena a la pared cafeína, se desvanece entre los huecos que le ha dejado la lepra insaciable, porque se ha carcomido no solamente su piel, sino sus huesos, dejando al descubierto la debilidad de los ladrillos ausentes.

Desahuciada llora por esas noches en donde podía presumir gargantillas de plata que galante adornaban su cuello durante esas nocturnas visitas a tu cama, y sonreía satisfecha gozando del espectáculo danzante de las sabanas bailando al compás de la apasionada música ejecutada por nuestros cuerpos enardecidos.

Ya no se escucha más la música, por eso envejeció la pintura y ya no le quedaron razones al trozo esmaltado para seguir defendiendo y protegiendo el muro de la alcoba.

Se rindió después de entender lo inútil que resultaba ser un valiente por nada, y comprendió con dolor, la falta de motivos para seguir nutriendo su honor incansable.

Ahora, defender a un cadáver que se resquebrajaba por falta de miradas amorosas, por falta de caricias sensuales, significaría ya no ser un protector de ideales, sino un rebelde sostenido de necedades.

Se retira con la honra de haber servido hasta la muerte, sabiendo que las condecoraciones venideras serán una utopía, ignoradas por el mundo como ignoran también su presencia y su esfuerzo.

Tuvo la suerte de permanecer por poco tiempo en el suelo, porque la suela de un zapato lo ha recogido, y así como los líderes de las naciones ignoran a los soldados quienes ofrecen su vida por su patria, así también es pisoteado.

El dueño del calzado lo ignora y lo pisa, mientras busca rastros de la mujer que aún ama, llorando la derrota de una guerra que pudo evitar, pero llora más por los triunfos obtenidos sobre el colchón que hoy habita solitario en medio del cuarto.

Hoy, se ha desprendido el último jirón de pintura, y junto a ella, la primera lágrima del hombre color marrón...

Te insistí

La casa ardía.

La abrazaban las llamas, si, la abrazaban con un enfermizo y descontrolado amor. Por supuesto, también el fuego la abrasaba agresivamente y lento pero agonizando, su hermosa fachada que tantas personas halagaban al caminar frente ella, hoy se desmorona y va dejando la silueta de su juventud en el piso.

Y ahí, recostada, desde el techo que aún no cae, las lechuzas sobrevuelan el lugar del desastre y alcanzan a ver como simula su sensual postura haciendo una imitación, a escala y perfecta, de la bella Iztaccíhuatl, pero en vez de la nieve blanca, esta, va moldeándose por la negrura de la madera carbonizada y de las pequeñas brasas que iluminan las montañas en miniatura.

La corpulenta incandescencia desobedece la oscuridad de la noche, noche conocida por su pacífica y fresca forma de arrullarte.

Esta vez, su personalidad paciente y tolerante se cansó, ya no pudo soportar tus aguerridas y constantes reclamos sin sentido. Esta vez, sintió temor, por primera vez, de los fantasmas de tú pasado quienes acuden a defenderte ante la más mínima provocación.

Provocación que se despierta en cuanto mi voz atraviesa tus oídos, pero descuartizan el entusiasmo que cimentaron estas paredes donde te cobijé, pero a ti te asfixiaban.

Así, la templada calma que te arrullaba, la pureza de las caricias columpiadas en mis dedos, y la protección asignada a esos muros dispuestos a entregar su vida por ti, convertidos en kamikazes que resguardaban las promesas que te hice, están siendo devoradas por fuego.

En cuanto el humo comenzó a asfixiarme mis reflejos se alarmaron para emprender el autorrescate, por supuesto, antes de escapar de morir derretido por tu soberbia, la chispa que inició la incendio, te busque para huir juntos de la catástrofe.

Para mi sorpresa, te encontré frente al espejo, sonreías burlándote de mi pánico. A pesar de verte embriagada por tu vanidad, te insistí, pero te convenció la banalidad de quienes solamente se protegen detrás de un cristal, mientras las llagas de tu autenticidad lacerada te causaba un gran dolor, pero preferiste fingir y complacer al mundo.

Tuve que aceptar tu decisión, y aunque quise ser valiente y morir junto contigo y tus ideas, mi valentía alcanzó a salvarme de la ceguera para ver una salida en donde me esperaba el amor propio.

Te insistí que me permitieras amarte, pero preferiste morir calcinada por la obstinación.

Tus celos

Ten cuidado de mis celos, ten cuidado porque pueden irse algún día. Pueden cansarse de vivir en la hermosura de tu cara, en la seducción de tus labios.

Cuídalos, porque algún día podrían perder la batalla ante esas miradas discretas, o al menos esos quieren hacerme creer, intentan convencerte a mis espaldas, sólo que no saben que también alguna vez jugué al cazador..

Guarda con recelo, el privilegio de que un corazón sienta celos de tu pensamiento, sobretodo cuando decides y exiges un espacio para ti misma. Eres afortunada de producir ese sentimiento tan angustiante que vive dentro de las escenas de una mente cansada de fracasos, ahí, en el acto de tu soledad.

Disfruta de la agonizante espera de mis manos, cuando se alarga la conversación entre tu y cualesquier idiota sin que hacer. En esas pláticas que no llevan a nada, pero que a mi locura la lleva a todo, la lleva de la mano a construir episodios donde tu vulnerabilidad te aconseja dormir en otra cama.

Piensa bien cuando dices, que de verdad te han cansado mis celos, sin percatarte de los años que llevan amándote, con el único reclamo de un par de explicaciones para apagar el fuego de la inseguridad.

Decide, si prefieres vivir en la indiferencia fría y calculadora, porque no es capaz de preguntarte cómo ha estado tú día, y no le importa tampoco saber, quién era aquel con el que te reías a carcajadas. Tal vez prefieras simplemente quedarte con los celos que se sucumben ante cualquier versión que tengas de los hechos, al fin y al cabo, siempre tienes el cuento perfecto para espantar su insomnio.

¿Qué te hacen estos inofensivos celos dèbiles, y tan cercanos a desaparecer y cortarlos de raíz?

Son tan fuertes, como el hilo que teje las cuatro letras del adiós, pero te hicieron caer en cuenta la falta que te hace la valentía, resurgió la cobardía de tu voz por no atreverse a salir de tu boca y mandarme al diablo. Sabemos con certeza, pero fingimos demencia, que tus amenazas de irte para siempre, sólo apaciguan mis celos pero no la intención de irme de ti.

Se fingen dóciles para proteger tu incapacidad de elegir a quien amar, porque puede confundirse tu noble alma en este mundo lleno de chacales que buscan solamente una presa para una noche.

Cuida esos celos, porque lejos de ser tu protector, no soy nadie para limitar tu belleza a caminar por callejones más oscuros de la vida, si así lo decidieras.

Cuida esos celos, porque al final del día eres tú quien los provocas, por lo tanto te pertenecen.

www.ingramcontent.com/pod-product-compliance
Lightning Source LLC
LaVergne TN
LVHW050602160826
845677LV00011B/2425